स्वैरकल्पना

बिक्रमजीत सेन

Copyright © Bikramjit Sen
All Rights Reserved.

मेरी माँ - श्रीमती मौसमी सेन

यह पुस्तक मैं उस व्यक्ति को समर्पित करना चाहता हूं जिसके कुशल मार्गदर्शन और बिना शर्त समर्थन के बिना मैं अपने देश की इस प्यारी सी भाषा में कभी नहीं लिख पाता और वो व्यक्ति और कोई नहीं मेरी माँ है जो आज भी अपने स्नेह और आशिर्वाद से मेरा जीवन मार्ग प्रशस्त्र कर चलीं हैं।

क्रम-सूची

क्रम-सूची

वक्रतुण्ड महाकाय सूर्यकोटि समप्रभ।निर्विघ्नं कुरु मे देव सर्वकार्येषु सर्वदा।।

पावती (स्वीकृति)

यह पुस्तक सर्वशक्तिमान परमेश्वर के निरंतर आशीर्वाद और प्रेम, मेरे प्रकाशकों, मेरे शुभचिंतकों, मेरे पाठकों, मेरे समीक्षकों, मेरे शिक्षकों, मेरे परिवार, मेरे पूर्वजों और हर उस व्यक्ति के समर्थन और मार्गदर्शन के बिना संभव नहीं होती जो किसी न किसी रूप में मेरे साथ जुड़ा हुआ है, भले ही, इस जीवनकाल में, एक बार के लिए ही सही। आप सभी से प्राप्त अनुभव के बिना, मैं अपने आप को अच्छी तरह से नहीं समझ पाता, और निश्चित रूप से भावनाओं और कल्पनाओं के एक गुच्छे में नहीं बदल जाता। मुझमें एक कवि का निर्माण भी निस्संदेह उस समाज पर निर्भर करता है जिसमें मैं रहता हूँ।

मैं अपने सभी नए पाठकों का स्वागत करते हुए इस अवसर का ईमानदारी से लाभ उठाना चाहता हूं और अपने सभी पुराने पाठकों, मेरे प्रशंसक आधार का तहे दिल से शुक्रिया अदा करना चाहता हूं, जिन्होंने मुझे लगातार उच्च आत्माओं में रखा। मैं उन्हें अपने जीवन में कला के मूल्य को पहचानने में सक्षम होने के लिए भी बधाई देना चाहता हूं। मैं आप सभी के अस्तित्व और कला जगत को स्वीकार करता हूं जिसने कवि के दिल और दिमाग के प्रतिभा को स्वीकार करना शुरू कर दिया है।

मुझे आशा है, मेरे पिछले शीर्षकों की तरह, ट्वेंटी-थ्री: कलेक्शन ऑफ शॉर्ट स्टोरीज़, अश्वत्थामा: मेनेस, एक्सटेसी: ए पोएट्री कलेक्शन, पोटेंशियलली डिवाइन सोलस, बुके: ए कलेक्शन ऑफ़ पोएम्स और पल्स: पोएटिक पीसेज़, जिसे मेरे पाठकों की अपार कृपा मिली है, स्वैरकल्पना को भी सभी द्वारा बहुत प्यार, सराहना और गर्मजोशी से गले लगाया जाएगा।

पावती (स्वीकृति)

मुझे पता है, मेरी एक महान साहित्यिक यात्रा थी, आप सभी के साथ, और वास्तव में आप सभी को धन्यवाद देने के लिए धन्यवाद पर्याप्त नहीं होगा।

• x •

लेखक जैव

बिक्रमजीत सेन

तेरह दिसंबर, उन्नीस सौ छियानबे में, कोलकाता, भारत में जन्मे, बिक्रमजीत, कई संकलनो में सह-लेखक होने के अलावा सात किताबें लिख चुके हैं; जिनके नाम हैं - ट्वेंटी-थ्री: कलेक्शन ऑफ शॉर्ट स्टोरीज़, अश्वत्थामा: मेनेस, एक्सटेसी: ए पोएट्री कलेक्शन और स्वैरकल्पना, जो कि नोशनप्रेस पब्लिशिंग ने प्रकाशित किया है, पोटेंशियलली डिवाइन सोलस, बुके: ए कलेक्शन ऑफ़ पोएम्स और पर्ल्स: पोएटिक पीसेज़, जिन सभी

का प्रकाशन एवन्सपब पब्लिशिंग द्वारा किया गया है। बिक्रमजीत कई प्रशंसाओं का विजेता हैं, जिनमें प्रमुख हैं - स्वामी विवेकानंद उत्कृष्टता पुरस्कार और भारत के सौ प्रेरणादायक लेखकों में से एक होना।

1. नज़रें, चुभ जाती हैं

नज़रें, चुभ जाती हैं
कोई और बात
कहनी थी
दिल को मेरे
कोई और बात
कह जाती हैं
नज़रें, चुभ जाती हैं
होंठों से न कहके
कह दिया हो जो आँखों से
वह हमेशा दिल ही
दिल में रह जाती हैं
नज़रें, चुभ जाती हैं
कोई और बात
कहनी थी
दिल को मेरे
कोई और बात
कह जाती हैं
नज़रें, चुभ जाती हैं
यकीन न हो
तोह उठा लो
मोहब्बत का वो पन्ना
जो पलटें हो गएं बरसों
देख के कुछ देखें कुछ

ऐसी गल्लां कर जाती हैं
नज़रें बहुत कुछ
कह जाती हैं
अपना ये
बिन कुछ कहे भी
कर जाती हैं
नज़रें बिन बोले
बहुत कुछ बोल जाती हैं
बाद में
वो नज़रें
याद आती हैं
मुलाकात जिनसे
अब मुमकिन नहीं
उनकी याद दिलाती हैं
नज़रें, चुभ जाती हैं
कोई और बात
कहनी थी
दिल को मेरे
कोई और बात
कह जाती हैं
नज़रें, चुभ जाती हैं

बिक्रमजीत सेन

2. अधूरा इंतज़ार

मरियम तैयार थी
बेटी कहाँ जा रही हो?
इंतज़ार थोड़ा और इंतज़ार करो
धरती के इस स्वर्ग पर यूँ न निकला करो
अपने ख़ुशियों के लिए तुम थोड़ा और इंतज़ार करो
दादी ने कहा मरियम को
ठीक जैसे वो कहती थी उसकी माँ को
और उनकी माँ उनको

3. भारत भूमि सबसे महान

विदेश को पराया लगता
हमें लगता वो हम सा
वो दुसरे प्रान्त का है
तो क्या हुआ
वह भी है हम सा
गुणियो का भंडार
विनम्र हमेशा
भारत भूमि
है कुछ ऐसा
भगवान विष्णु के दस अवतार
पुराणों में है
विकास का सिद्धांत
पृथ्वी से सूर्य की दूरी
कह गए गोस्वामी तुलसीदास
ऋषि मुनि समझा गए चमत्कार
फिर चाहे लेलो पुष्पकविमान
या दिव्य द्रष्टि का वरदान
इंटरनेट ज़माने का
नहीं जनाब
वह ग्यान
यह विज्ञान

4. भूल-भूलैया

यह राह नहीं आसान पग-पग पर
मुश्किल है बड़ी ज़िंदगी
पग-पग पर लड़ाइयाँ
पग-पग पर कठिनाइयों का
सामना करना है तुमको फिर तनहाइयाँ
मीलों चलना है तैरना है भवसिंधु
पल भर भी चैन नहि
जब तक है दुनिया
पल भर की हंसी
के पीछे भागती
देख कैसी दुनिया

5. काश

काश ज़मीन आसमान से टकरा जाता
काश बादलों के ऊपर, घर मैं बनाता
काश, ये दिन आ जाता,
जब कोई किसी को नीचा नहीं दिखाता
हर ख्याल ऊँचा होता,
सबकी सोच ऊंचाई को छूता
सब कुछ ऊँचा हो जाता

6. कौन हो तुम?

क्या कोई बुरा सपना हो तुम
क्या हकीकत का आईना हो तुम
क्या कवि की कल्पना हो तुम
कितने डरावने हो तुम
क्या मेरे ख़्वाबों का अंत हो तुम
क्या मेरे हिस्से की ख़ुशी की शुरुआत हो तुम
क्या जीवन का अंत हो तुम
क्या पराये से लगते
कोई अपने हो तुम
क्या कुस्वप्न के भेस में
किसी मनचले का सपना हो तुम
क्या अंजाम हो तुम
कौन हो तुम?
कौन हो तुम?
कौन हो तुम?

बिक्रमजीत सेन

7. कारण

स्वर्ग अगर है तो यही है
नरक अगर है तो यही है
मेरा स्वर्ग लोक
मेरा पाताल लोक
सब यही है
बातों के भीतर जो बातें छुपी है
वो यहीं है
उन्हें गुनगुनाना भी यहीं है

8. वो

जिन आँखों ने मुझे पसंद किया
जिन होठों ने मेरा नाम पुकारा
जिन कानों ने मुझे सुना
मैं उनसे मोहब्बत करने के लिए ही पैदा हुआ

9. मौत

गम का बादल ओढ़ के
वो खड़ा था
मैं नादान कहाँ
समझ पाता
ओढ़ा दिया उसने मुझे
कफ़न में गाड़ दिया
उसने मुझे
मौत यूँ ही नहीं आती सबको
कभी बैठे हो मौत के इंतज़ार में
कभी किया है बातें मौत से
गिरे, बरसों उसके प्यार में

10. बस

सब को अब बस
बस करो अब सब
आगे का रास्ता
तय करेगा रब
अब
और नहीं
अब और नहीं
मेरे लिए जो है हसीन
वो मुझ में ही है कहीं

11. प्यार

भाई को देने के लिए
समय था उसके पास
भाई का दिया साथ
प्यार को करवाया इंतज़ार
प्यार करता रहा इंतज़ार
सिर्फ पाने के लिए उसका साथ
दुःख हज़ारों लाखों सहे
सिर्फ मन में लिए उसकी याद
भटकता रहा दर बदर
क्या यही है प्यार
हो रहा हो जिसमें सिर्फ इंतजार
हाँ, शायद यही है प्यार
नाउम्मीदियों में भी, उम्मीदों की बहार
हाँ, शायद यही है प्यार
हाँ, शायद यही है प्यार

12. इंसान की गलती

इंसान ये गलती करता है
जो चले गए हैं
उनके लिए पछताता है
जो हैं उन्हे नज़र-अंदाज़ कर देता है
जो चलें गए हैं उन्हें खुश करने में
जो हैं उनसे मुह फेर लेता है
ऐसे में वो सब को दुखी कर देता है
ऐसा करके
खुदको सबसे अधिक तकलीफ पहुँचाता है
चाहके भी फिर रिश्तों को वो नहीं जोड़ पाता है
जिंदगी तो नहीं थमती
बस वही थम सा जाता है
ऐसे में
उस इंसान को वो सबसे दुखी पाता है
जिसे वो सबसे ज्यादा खुश करना चाहता है
खुद को खुद के खुशियों से
अलग कर बहुत पछताता है

13. इधर उधर, जाने किधर

इधर उधर, जाने किधर
छुपा हुआ है तू मगर
मैं ढूँढ़ लूँगा तुझको
इस बात की है मुझको खबर
इधर उधर, जाने किधर
छुपा हुआ है तू मगर
मैं ढूँढ़ लूँगा तुझको
इस बात की है मुझको खबर
सदियां बीत जाएँ
युग बदल जाएँ
सदियां बीत जाएँ
युग बदल जाएँ
तू ही मेरा सब कुछ
तुझी में खो जाएँ
इधर उधर, जाने किधर
छुपा हुआ है तू मगर
मैं ढूँढ़ लूँगा तुझको
इस बात की है मुझको खबर
इधर उधर, जाने किधर
छुपा हुआ है तू मगर
मैं ढूँढ़ लूँगा तुझको
इस बात की है मुझको खबर

मिथ्या जगत में
सुकुन तू एहसास
मिथ्या जगत में
सुकुन तू एहसास
भावनायें मेरी
मेरे तू बहुत पास
इधर उधर, जाने किधर
छुपा हुआ है तू मगर
मैं ढूँढ़ लूँगा तुझको
इस बात की है मुझको खबर
इधर उधर, जाने किधर
छुपा हुआ है तू मगर
मैं ढूँढ़ लूँगा तुझको
इस बात की है मुझको खबर

14. पहले किसने कहा

पहले किसने कहा
उसने कहा आँखों से
मैंने कह दिया लफ़्ज़ों से अपने
जो थी दिल में
हम दोनों के
साफ़ ज़ाहिर
हो गया

15. प्रभोधन

क्या है डर सबका?
क्या है लकीरें?
क्या है दुनिया?
क्या है ज़ंजीरें?
फर्क, तुम और मुझमे?
फर्क न कोई
फर्क सोच में
फर्क, फलक में नहीं
तुमसे दूर मैं कहाँ जाऊँगा?
तुमसे उद्गम तुम ही में मिल जाऊँगा
तुमसे ही तुम तक का सफर तर जाऊँगा
तुमसे सब; तुम भीतर, निवास करता जाऊँगा

16. चंद अल्फ़ाज़

चंद अल्फाजों में लिख दिए
अपने दिल की दास्ताँ
हम जो न कह सके
तुमने कर दिया वो बयान
चंद अल्फाजों में लिख दिए
अपने दिल की दास्ताँ
यूँही बैठे बैठे याद किया जाता हूँ
तुमको मैं जान
खुद से ज़्यादा चाहता हूँ
तुम मेरी हो
ये जानके
सुकून मुझमे
समाया है
खामोश था पहले भी
खामोश अब भी रह जाता हूँ
देख के तुम्हें
बस यही कहता जाता हूँ
चंद अल्फाजों में लिख दिए
अपने दिल की दास्ताँ
हम जो न कह सके
तुमने कर दिया वो बयान
चंद अल्फाजों में लिख दिए
अपने दिल की दास्ताँ

हम जो न कह सके
तुमने कर दिया वो बयान

17. जिंदगी

जो बीत गया, उसे भूल जाना ही बेहतर है
जो ना मिले, उसे छोड़ आना ही बेहतर है
जो न हुआ उसमें जीना व्यर्थ है
जो पा सको उसे पा लो
कल को, पछताना भी व्यर्थ है

18. प्रेम

प्रेम
आँखें
सोच
ज़बान से तू
कुछ मत बोल
होंटो को रहने
दे खामोश
बयान कर,
कुछ इस प्रकार तू
हर अल्फ़ाज़ हर लफ्ज़
हर बोल

19. दिल

जनाब जवाँ
दिल की राह
नही आसान
मुश्किलें ही मुश्किलें
सैकड़ों इम्तिहान
कुछ कर गुजर जाने का जुनून
दिल-ए-नादान
कुछ उमड़ते जज़्बात
लड़ाई है एक
पिस रहा दिल और दिमाग

20. मौका

नादानियां और मासूमियत
का कर इस्तेमाल
तर जा भवसिंधु, सिर्फ एक बार
खुशियाँ ही खुशियाँ होंगी अपरंपार
कृपानिधान की कृपादृष्टि, तेरे साथ

21. हक़ीक़त

ज़िंदगी क्या है
महज़ लफ़्ज़ों का खेल
हार जीत का मेल
एक वक़्त शुरू,
दूजे वक़्त ख़त्म सब खेल

22. साथ मेरा देना

साथ मेरा देना
हर मुश्किल में गवाह
तेरा मैं होके रहा
साथ देना हरदफा
आशिक़ी में तेरी
मर भी जाऊँ सदा
जी भी जाऊं मर के
लिख दूं एक नयी दास्तान
हौंसले की राहों पर
तुम्ही से लिपटा रहा
तुम्ही को पाके मैंने
खुद को भी है पाया
साथ मेरा देना
हर मुश्किल में गवाह
तेरा मैं हो के रहा
साथ देना हरदफा

23. क्या हो जिंदगी?

अजीब है पर सच है, ज़िंदा हूँ,
तो ज़िन्दगी है
ज़िंदा नहीं, तो ज़िन्दगी नहीं
ज़िन्दगी बस,
चंद लफ़्ज़ों की दरकार
कुछ सुनाने
कुछ सुनने वाले यार
ज़िन्दगी बस एक खेल
तू खेलता अपने साथ
ज़िन्दगी आंसू, ज़िन्दगी ख़ुशी,
ज़िन्दगी की ये दोनों दरकार

24. शब्द

शब्दों के इस माया जाल में
फंसा इंसान मैं
शब्दकोष का ज्ञान
कहाँ?
कहाँ है वह मुझ जैसा
इंसान मैं?

25. रूबरू

रूबरू खुद से, हुआ मैं
ख़्वाबों में पहले
अब हकीक़त में
मिली जब, मुझे तू इस जहां में
सुकून, मिला कुछ यूँ
के कर न पाऊँ
बखान मैं

26. ज़ात

दुनिया की है कुछ बात ख़ास
वक़्त आने पे सब दिखातें है अपनी ज़ात
संत कहते रह गये ज़ात-पात, अंधविश्वास
न रख बैर न कोई भेदभाव
दिल में तेरे राम
जिनके लिए, न कोई भेद, न कोई, भाव

27. एहसास

दीपावली की सुबह
मैंने किया है एहसास
मैं हूँ, चाँद
वो है सूरज, जीवन का मेरे
हमेशा उसकी रोशनी है मेरे साथ
मैं शुक्रगुज़ार हूँ उसका
उसने समझा है मुझे
जैसे मैं हूँ
अपनाया है मुझे
मैं शुक्रगुज़ार हूँ उसका
मुझे मेरी तरह अपनाने के लिए
मैं शुक्रगुज़ार हूँ उसका
मेरी ज़िंदगी में आने के लिए

28. सूर्यपुत्र कर्ण

देख के रात का चंदा
जग उठा ये सूर्य
अपनी कहानी खुद लिखने में
सक्षम ये कर्ण
विलक्षण
बलवान है
स्वाभिमान है
हाथों की लकीरों में नहीं तो क्या
खुद अपनी पहचान है
खुद पे यकीन,
बेशुमार है

29. मालिक़

वो एक
उसके बन्दे अनेक
सबका मालिक एक
सबका दाता एक
क्यों भूखा है इंसान
क्यों प्यासा है इंसान
हर जगह, हर पहर,
हर शाम, हर सुबह
हर रात, हर दोपहर
पूछता नहीं तू
तेरे भी पिता हैं वो
देंगे, देंगे, जवाब जो

30. सुनिश्चित

निश्चित कर
उठ कर अपनी और
अपनों की जीत
सुनिश्चित कर
वेद-वाक्य तेरा
अपने कर्मों से तैयार कर
खुद को अपने ही
कर्मों से अजेय कर